Dieses Buch gehört:

. . . .

NICOLE STEINER

WETTEN, DASS WIR DIE ERDE RETTEN?!

PÄDAGOGISCH WERTVOLLE GESCHICHTEN
ÜBER UMWELTSCHUTZ, NACHHALTIGKEIT
UND NATUR

Impressum

Deutschsprachige Erstausgabe 2022

Copyright © 2022 Nicole Steiner

Rechte vorbehalten. Nachdruck, auch auszugsweise, nicht gestattet. Das Werk, einschließlich seiner Teile, ist urheberrechtlich geschützt. Jede Verwertung ist ohne Zustimmung des Verlages und des Autors unzulässig. Dies gilt insbesondere für die elektronische oder sonstige Vervielfältigung, Übersetzung, Verbreitung und öffentliche Zugänglich-machung.

Nicole Steiner wird vertreten durch:

GARS Verlag

c/o Block Services

Stuttgarter Str. 106

70736 Fellbach

E-Mail: info@gars-verlag.de

Covergestaltung und Satz: Wolkenart - Marie-Katharina Becker, www.wolkenart.com

Bildmaterial und Illustrationen: ©Shutterstock.com

Lektorat: Erik Kinting

Korrektorat: Erik Kinting

Herstellung und Verlag: GARS Verlag

1. Auflage

Verantwortlich für den Druck: Bookmundo – ein Service von Mybestseller B.V., Delftestraat 33, 3013AE Rotterdam

Inhaltsverzeichnis

HALLO DU!

Hast du beim Spazierengehen schon einmal beobachtet, dass Löwenzahn an Orten wächst, die dafür nicht gedacht sind? Wie zum Beispiel auf dem Bürgersteig, ganz ohne Wiese und Erde? Das zeigt dir, dass alles möglich ist, man muss es nur wollen.

Die Welt ist wie ein Löwenzahn: Sie wächst auch unter weniger guten Bedingungen, doch ihre Blüte erstrahlt am schönsten, wenn sie viel Liebe und Pflege bekommt.

Auch du kannst helfen und mit kleinen Geschenken und Gesten der Erde etwas als Dank zurückgeben, für diesen wundervollen Ort, an dem wir leben. Du kannst jetzt schon ein wunderbarer Naturschützer oder eine Naturschützerin sein. Es gibt ganz viele spannende Ideen, die du leicht und mit viel Spaß im Alltag umsetzen kannst, um mitzuhelfen, die Welt zu einem noch besseren Ort zu machen.

Trau dich und sei mutig und stark wie der Löwenzahn. Jede helfende Hand kann die Erde schöner und gesunder machen, damit wir alle noch lange große Freude an ihr haben.

Wusstest du, dass die Pusteblume des Löwenzahns komplett aus neuen Samen besteht, um dem Löwenzahn an einem anderen Ort ein neues Leben zu schenken?

Lass dir von den tollen Geschichten in diesem Buch zeigen, wie einfach es ist, etwas Gutes für die Umwelt zu tun. Such dir die schönsten Ideen aus und probiere es selbst. Vielleicht hast du auch eigene tolle Ideen?
Du wirst erstaunt sein, wie viel Umwelt sich in deinem Leben versteckt und wie einfach du deinen Alltag umweltfreundlicher gestalten kannst.

EINE BESONDERE BAUMPFLANZ-AKTION

„Elias, kannst du mir erklären, warum Bäume wichtig für die Umwelt sind?", fragt Herr Löwenzahn, der Schuldirektor und ihr Lehrer.

„Sie geben uns Holz?", fragt Elias.

Der Lehrer nickt.

„Stimmt, Holz ist ein wichtiges Baumaterial, aber Bäume können etwas viel Wichtigeres für uns tun. Wer weiß es?", fragt er weiter.

„Manche Tiere essen Bäume", ruft Marlon.

„Auch das ist richtig, aber noch nicht alles, wer weiß mehr?"

„Die Bäume bieten Schutz für Menschen und Tiere", sagt Anna.

„Das stimmt Anna, mit Schutz hat es auch viel zu tun",
antwortet Herr Löwenzahn.
„Sie sind ein Zuhause für Tiere", erklärt Elif.

„Ihr alle habt recht, mit euren Gedanken und Ideen,
doch Bäume haben noch eine viel wichtigere Aufgabe:
Sie reinigen unsere Luft und sorgen für Sauerstoff", erklärt Herr Löwenzahn und geht zu dem kleinen Baum
hinüber.
Er ist nicht größer als die Schüler, doch seine Blätter
sind schon groß und er wächst mit jedem Jahr.
„Der ist aber winzig", lacht Elias.

„Er ist sehr klein, das stimmt, doch er wächst und wenn er ausgewachsen ist, wird er so viel Sauerstoff an die Luft abgeben, wie zehn Menschen zum Atmen benötigen."

„Aber das dauert so lange, bis der Baum gewachsen ist", wirft Leon ein.

„Deswegen ist es wichtig, frühzeitig mit der Hilfe für die Natur zu beginnen. Bäume müssen gekauft, gepflanzt, gepflegt und gehegt werden", antwortet Herr Löwenzahn.

„Wenn wir ein paar alte Sachen verkaufen, dann können wir davon Bäume kaufen und sie hier in der Schule pflanzen, dann gibt es später genug Sauerstoff für die Kinder", ruft Elif.

Herr Löwenzahn nickt begeistert.

„Das ist eine ausgezeichnete Idee", lobt er.

„Wie wäre es mit einem Flohmarkt? Meine Mama geht jeden Samstag mit mir zu einem", fragt Niklas.

„Iiihhh, Flöhe", kreischt Anna und alle lachen.

„Heute gibt es kaum noch wirkliche Flöhe auf dem Flohmarkt. Doch 1890 wurden die französischen Händler in einen bestimmten Stadtbereich verbannt, damit sie beim Weiterverkauf der oft verflohten Altkleider die Flöhe nicht in der ganzen Stadt verteilten. Dort eröffneten sie ihre Flohmärkte. Der *Marché aux Puces* wurde eröffnet, davon leitet sich der heutige Name ab", antwortet Herr Löwenzahn.

„Dann machen wir einen Flohmarkt und können
von dem Geld, das wir einnehmen, ganz viele Bäume
pflanzen. Aber Herr Löwenzahn, wie genau macht der
Baum denn Sauerstoff?", fragt Kai.

„Bäume verwandeln Kohlendioxid in Sauerstoff", erklärt Herr Löwenzahn.

„Was ist Kohlendioxid?", fragt Lea.

„Immer wenn ein Mensch ausatmet,
produziert er das Gas Kohlendioxid.
Der Baum holt sich das mithilfe seiner
Blätter aus der Luft und mit der Kraft
der Sonnenstrahlen und Wasser wird es dann wieder
zu Sauerstoff umgewandelt, den der Baum an die Luft
abgibt, sodass wir Menschen ihn dann wieder einatmen
können", erzählt der Lehrer.

Alle Schüler sind begeistert.

„Also machen nur wir Menschen Kohlendioxid?", fragt
Hanna.

„Nein, so einfach ist es leider nicht", seufzt Herr Löwenzahn, „auch beim Autofahren, beim Heizen oder
vielen Arbeiten in der Industrie entsteht Kohlendioxid.
Das Gas gilt als Treibhausgas, das bedeutet, es steigt
hoch und sammelt sich in unserer Atmosphäre, das ist
die Luftschicht um die Erde herum."

„Dann sollten wir schnell schauen, was wir zu Hause alles haben, und ganz viele Bäume pflanzen", ruft Leon und alle stimmen zu.

Direkt nach der Schule gehen die Schüler nach Hause.
„Hallo Mama, ich bin zu Hause", ruft Elias.
„Ich bin im Garten, mein Schatz", hört er seine Mutter rufen.
Rasch stellt er seinen Schulranzen ab und geht in den Garten. Seine Mama sitzt auf der Wiese und pflanzt eine neue Blume ein.

„Mama, wir haben heute viel über Bäume gelernt und wie wichtig sie sind. Wenn wir Bäume pflanzen, können wir etwas von den Schadstoffen abfangen und sogar in Sauerstoff umwandeln", ruft Elias aufgeregt.
Seine Mutter schaut zu ihm herüber.
„Das ist ja eine wundervolle Idee, vielleicht können wir noch zwei Bäume in unseren Garten pflanzen", antwortet sie.
Elias nickt. Es wäre toll, im eigenen Garten etwas für den Umweltschutz zu tun.

„Wusstest du, dass auch Rüben ganz viel Kohlendioxid

binden und umwandeln?", fragt Mama und lächelt.

„Rüben?", fragt Elias erstaunt.

„Ja, ich habe heute erst Samen gekauft. Möchtest du sie mit mir einpflanzen?", fragt seine Mutter.

„Aber natürlich!", ruft Elias und geht direkt zum Hochbeet hinüber.

„Danach möchte ich schauen, was ich auf dem Flohmarkt in der Schule verkaufen kann."

„Ihr macht einen Flohmarkt?", fragt seine Mutter und reicht ihm die Samen.

Elias macht einen kleinen Spalt in die Erde und setzt nach und nach die Samen ein. Dann schiebt er die Erde vorsichtig darüber und nimmt die Gießkanne, um die Erde zu bewässern.

„Das hast du gut gemacht", lobt seine Mutter.

„Danke, Mama. Wir machen ein neues Projekt. Wir veranstalten einen Flohmarkt, um Geld zu sammeln. Davon kauft die Schule Bäume. Diese werden um die Schule herum gepflanzt und produzieren dann Sauerstoff", erklärt Elias ganz aufgeregt.

„Dann lass uns schauen, ob wir etwas Tolles finden können."

Zusammen gehen sie ins Haus und schauen zuerst auf dem Dachboden. Hier gibt es viele Kisten, die schon lange nicht mehr aufgemacht wurden.

„Auf dem Dachboden findet man die tollsten Dinge, die man schon lange vergessen hat", erklärt Elias' Mutter und öffnet eine Kiste.

„Oder etwas, das man schon lange gesucht hat!", ruft Elias und hält seinen alten Dinosaurier hoch.

Elias findet schnell mehrere Spielzeuge, die er nicht mehr haben möchte. Auch Mama findet etwas, dass sie nicht mehr braucht. Zusammen tragen sie die Sachen nach unten und legen alles in eine Kiste.

„Zwei Spielzeugautos, ein altes Zelt, zwei Taschen und ganz viele Murmeln", zählt Elias auf.

Sein Vater kommt nach Hause.

„Hallo ihr zwei, was macht ihr denn da?", fragt er verwundert.

Elias erklärt ihm, was sie vorhaben.

„Das ist eine wundervolle Idee. Ich sehe gleich nach, ob ich auch etwas finde", verspricht sein Vater.

Nachdem er sich kurz ausgeruht hat, geht er in den Keller und kommt mit zwei alten Schlittschuhen und drei Büchern zurück.

„Das ist ja ganz schön viel geworden, danke Mama und Papa." Elias strahlt über das ganze Gesicht.

Wenn die anderen Kinder auch so viel gefunden haben, werden es bestimmt etliche Bäume werden.

Am Freitag ist es so weit und die Eltern fahren mit den Kindern in die Schule, um den Flohmarkt aufzubauen.

Herr Löwenzahn hat viel Werbung gemacht, damit auch die anderen Leute aus der Stadt von dem Flohmarkt erfahren.

Elias läuft über den großen Schulhof und schaut, was es alles auf den anderen Tischen gibt. Er findet ein wunderschönes Jo-Jo und kauft es sich selbst. So hat er doppelt etwas für die Umwelt getan: Das Spielzeug ist nicht im Müll gelandet und er hat Geld für einen Baum gespendet.

„Die Menschen aus der Stadt sind alle hergekommen", ruft Elias erfreut.

„Und sie kaufen sehr viel, manche Tische sind schon so gut wie leer", lacht Anna.

Am Mittag ist es so weit und alle Tische sind leergekauft. Herr Löwenzahn steht auf dem Schulhof und klatscht in die Hände.

„Das habt ihr so gut gemacht, Kinder, dass wir ganz viele Bäume kaufen können", ruft er und alle applaudieren.

„Der Leiter der Feuerwehr ist ebenfalls so begeistert von eurer Tatkraft, dass er uns eine kleine Spende überreicht hat, um noch mehr Bäume auch in der Stadt pflanzen zu können", ruft er, damit ihn alle hören können.

Die Freude ist riesig und die Schüler können es kaum abwarten, dass die Bäume kommen. Dank der vielen Gelder sind es zehn Kirschbäume, zehn Apfelbäume und zehn Pflaumenbäume geworden. Jeder von ihnen wird, wenn er groß ist, bis zu 16 Tonnen Kohlendioxid in Sauerstoff umwandeln und ganz viel Schutz und Essen für die Tierwelt und die Menschen bieten.

FINN UND SEINE FREUNDE AUF GROSSER MÜLL-MISSION

„Hallo Finn, kommst du heute ins Training?", ruft Luis und winkt ihm freudig zu.

„Aber klar, ich freu mich schon darauf ein paar Tore zu schießen", antwortet Finn und winkt zurück.

Sie verabreden sich für den Mittag und laufen beide schnell nach Hause.

„Hallo Papa, ich bin daheim", sagt Finn und geht in die Küche zu seinem Vater.

„Perfekt, deine Mutter müsste auch gleich Pause haben und zum Essen nach Hause kommen. Setz dich schon mal", bittet sein Vater und serviert das Essen.

„Wie war die Schule?"

„Es war toll, ich treffe mich nachher mit meinen Freunden zum Fußballspielen", erklärt Finn.

„Das ist eine gute Idee. Kannst du Lukas mitnehmen und ihn auf dem Weg zu Laras Mutter bringen? Sie möchte mit den beiden auf den Spielplatz", fragt sein Vater.

Finn verzieht das Gesicht.

„Ach Papa, muss ich ihn hinbringen?", jammert er. Lukas ist Finns kleiner Bruder und seiner Meinung nach eine kleine Nervensäge.

„Finn, du warst auch einmal klein und wir haben dich auch immer mitgenommen", erklingt die Stimme seiner Mutter.

Sie kommt herein und drückt ihm einen Kuss auf die Haare, dann begrüßt sie seinen Vater.

„Hallo", ruft Lukas und hüpft freudig an den Tisch.

„Hallo", erwidern alle die Begrüßung.

Sie essen gemeinsam.

Danach geht Finn mit Lukas los und bringt ihn zu Laras Mutter.

„Wir sind da", ruft er und Laras Mutter kommt heraus.

„Wie gut, dass du Lukas bringst. Könntest du die beiden vielleicht schon einmal zum Spielplatz mitnehmen? Ich komme gleich nach, aber ich muss noch kurz warten, der Schornsteinfeger ist hier", bittet sie.

„Aber natürlich", sagt Finn und nimmt Lara und Lukas an die Hand.
Zusammen gehen sie zum Spielplatz.

„So, ihr könnt jetzt spielen, bis deine Mutter kommt", sagt Finn zu Lara.
„Was ist denn das?", ruft Lukas laut und angewidert.
Lara quietscht. Finn sieht sich um.
„Was ist los?", fragt er.
Lukas deutet auf zwei Hundehaufen, direkt im Sandkasten. Auch Finn verzieht das Gesicht.
„Das ist Kacka", ruft Lukas.
Finn nickt.
„Hey Finn, wo bleibst du denn solange?", ruft Luis, der seinen Freund vom Sportplatz aus gesehen hat.
„Mein Bruder wollte mit seiner Freundin hier spielen, aber der ganze Spielplatz ist dreckig!", ruft Finn zurück.

Luis und seine Freunde aus der Mannschaft kommen herüber, um sich das mal anzusehen. Sie rümpfen alle die Nase. Auf dem Spielplatz sehen sie alte Dosen, leere Flaschen und weiteren Müll.

„Ich habe eine Idee. Wie wäre es, wenn wir uns heute zum Aufwärmen einmal sinnvoll betätigen?", fragt Adriano, einer der Jungs aus der Mannschaft.

„Und wie?", möchte Luis wissen.

„In unserer Umkleide sind doch Müllbeutel und Handschuhe. Wir räumen hier auf", ruft er.

Die Jungs schauen sich an. Einer nach dem anderen nickt zustimmend.

So stehen sie kurze Zeit später auf dem Spielplatz und beseitigen kleinere Hundehaufen, größere Papiertüten und entfernen Kaugummireste vom Klettergerüst.

„Mensch Jungs, so gut sah der Spielplatz ja noch nie aus", ruft Laras Mutter und klatscht freudig in die Hände.

Die Jungs verabschieden sich und gehen zum Fußballfeld. Auf dem Weg finden sie weiteres Papier, ein paar leere Falschen und zwei alte Dosen. Sie heben auch hier den Müll auf und verstauen alles in den großen Mülleimern am Fußballplatz.

Nach dem Training sitzen sie gemeinsam in der Umkleide.

„Irgendwie hat es heute Spaß gemacht, es hat sich gut angefühlt", sagt Luis und Finn nickt.

„Es war auch gar nicht so viel Arbeit und der Erfolg war groß", stimmt auch Anton mit ein.

„Vielleicht sollten wir es als Aufwärmroutine beibehalten und den Spielplatz statt das Fußballfeld ablaufen?", fragt Finn.

Die Jungs besiegeln ihren Entschluss mit einem kräftigen Handschlag.

Eine Woche später sind die Jungs wieder auf dem Spielplatz und diesmal hilft auch Lukas mit, denn auch kleine Hände können Großes für die Umwelt tun.

„Was macht ihr denn da?", ruft Christina ihnen zu.

Sie kennt die Jungs aus der Schule.

„Wir räumen auf", ruft Finn zurück und grinst.

„Warum macht ihr das?", fragt sie und kommt mit ihren beiden Freundinnen auf den Spielplatz.

„Weil es hier sehr dreckig ist. Wenn jeder etwas mit anpackt, sind wir ganz schnell fertig. Es sieht schöner aus und die Kinder können auf einem sauberen Spielplatz spielen."

„Aber das ist doch nur Plastikmüll", ruft Cleo.

„Wusstest du, dass Plastik sich nicht so einfach zersetzt? Es beginnt zwar irgendwann, aber es löst sich nicht auf. Es zerfällt zu klitzekleinen Plastikteilen. Man nennt das Mikroplastik und es erscheint unsichtbar. Dabei geht es mit dem Regen in das Wasser über", erklärt Finn.

„Ja, aber dann ist es weg", sagt sie.

„Nein, über das Wasser können wir es trinken und es gelangt in die Fische und sogar in die Rüben und Kartoffeln", wirft Luis ein.

„Und Tiere fressen Plastikmüll manchmal und sterben daran", ergänzt Oliver leise.

Cleo macht große Augen und schüttelt fassungslos den Kopf.

„Meine Eltern haben im Spanienurlaub auch ganz viele Menschen am Strand gesehen und mitgeholfen. Sie haben zusammen aufgeräumt, nachdem eine Schildkröte einen Plastikschirm um den Kopf hatte und gerettet werden musste", erklärt Luisa.

„Dann müssen wir etwas tun, so was darf nicht sein.

Wir Mädchen übernehmen den Stadtpark. Da laufen
wir immer entlang, wenn wir auf den Spielplatz
möchten", ruft Christina.

„Dann schauen wir hier einmal die Woche nach und ihr
im Park?", fragt Finn.

Die Mädchen nicken. Sofort machen sie sich auf ihren
Fahrrädern auf den Weg.

Immer mehr Schülerinnen und Schüler
schließen sich der kleinen Gruppe an und
bald erstrahlt die ganze Stadt und die Müll-
eimer laufen fast über.

„Was machen wir jetzt mit den ganzen
Dosen?", fragt Ali und zeigt auf die vollen
Tüten.

Finn überlegt und hat eine clevere Idee:

„Auf die Dosen gibt es doch Pfand. Wie wäre es, wenn
wir die Pfanddosen wegbringen und uns dafür Müll-
greifer und neue Mülltüten kaufen?", fragt er.

„Aber die Tüten sind doch auch aus Plastik", wirft
Marlon ein.

„Vielleicht könnten wir welche aus Papier nehmen?"

„Die halten aber nicht so gut", meint Anna.

„Es gibt auch Mülltüten aus recyceltem Plastikmüll.
Die sind, solange sie nicht frei herumfliegen, glaube ich
nicht so schlimm. Immerhin befindet sich darin ja dann

der gesamte Plastikmüll und kann zusammen entsorgt werden", antwortet Luis.

„Was bedeutet denn recycelt?", fragt Luisa.

„Das bedeutet, es wurde aus ehemaligem Plastikmüll hergestellt und hat somit einen neuen Nutzen, ohne dass erneut Plastik dafür hergestellt werden musste", sagt Anna.

„Das ist eine gute Idee, aber sind nicht alle Tüten recycelt?", möchte Leon wissen.

„Nein, nicht alle, aber die, die es sind, haben ein Zeichen auf sich. Es sind drei grüne Pfeile, wobei jeder zum anderen zeigt. Das Symbol macht deutlich, dass das Produkt wiederverwertet wurde und somit die Umwelt schont", sagt Finn.

„Dann machen wir uns auf die Suche nach recycelten Hilfsmitteln!", ruft Jonas wie einen Schlachtruf und die Freunde eilen los.

Viele kleine Hände können Großes leisten.

MIA UND DER STROMFREIE TAG

„Mia, hast du keine Milch gekauft?", ruft ihr Vater
durch die Küche.

Mia geht in den großen Raum und schaut ihn erschro-
cken an.

„Ich wusste nicht, dass die Milch leer ist, Papa", antwortet sie.

„Das habe ich heute Morgen gesagt und gefragt, ob du
welche nach der Schule mitbringen kannst", meint er
und schließt den Kühlschrank.

„Da habe ich mit Amelie geschrieben, weil wir uns nach
der Schule mit Louis und Henri treffen wollten", gibt sie
zu.

„Dann schreibe ich schnell deiner Mutter eine Nachricht, vielleicht bringt sie Milch mit", erklärt er. Mia nickt.

Am Nachmittag kommt Mias Mutter nach Hause, ihr Vater begrüßt sie erfreut.
„Hast du Milch mitgebracht, Liebling?", fragt er hoffnungsvoll.
Sie sieht ihn erstaunt an.
„Davon wusste ich nichts."
„Ich habe es dir geschrieben", erklärt er.
Sie lacht. „Wir hatten heute auf der Arbeit einen stromfreien Tag. Da benutzen wir nichts Elektronisches", erklärt sie.
Mia reißt die Augen auf.
„Aber wie arbeitet ihr denn ohne Internet, Telefon und Computer oder Smartphones?", fragt sie entsetzt.
„So wie früher auch alle Menschen gearbeitet haben", antwortet ihre Mutter amüsiert.
„Wenn wir das gemacht hätten, wäre jetzt Milch im Haus", seufzt Mias Vater, „ich gehe schnell noch einmal los und hole welche."

Beim Abendessen hat Mia eine Idee:
„Wie wäre es, wenn wir auch einen stromfreien Tag zu Hause machen?", fragt sie.

Ihre Mutter nickt zustimmend.

„Das ist eine tolle Idee", meint auch ihr Vater.

Sie verabreden, am nächsten Tag einen stromfreien Tag zu veranstalten, und Mia ist ganz aufgeregt. Sie genießt am Abend noch einen Film und legt sich früh schlafen.

Am nächsten Tag steht sie aufgeregt auf und geht zu ihrem Computer, doch dann fällt ihr ja die Abmachung wieder ein. Sie eilt ins Badezimmer und greift zu ihrer elektrischen Zahnbürste. Dann stellt Mia sie zurück und öffnet den Schrank, um eine der Zahnbürsten für Gäste zu benutzen, die ihre Eltern immer dort haben. Sie bestehen aus Bambus und funktionieren ohne Strom. Nachdem sie ihre Zähne geputzt hat, hüpft Mia gut gelaunt in die Küche, wo ihr Vater unschlüssig vor der Kaffeemaschine steht.

„Guten Morgen, Papa", ruft sie.

„Guten Morgen, Schatz", grummelt er zurück.

„Was ist los?", fragt Mia und nimmt sich ein Glas Orangensaft.

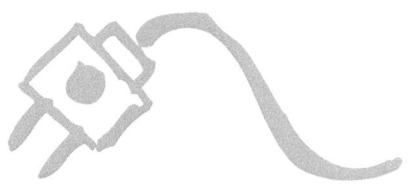

„Luxusprobleme", erklärt ihr Vater.
„Was sind denn Luxusprobleme?", fragt sie erstaunt.
„Probleme, die der Mensch sich selbst macht, weil er sich zu viele Annehmlichkeiten angeeignet hat. Und wenn die mal nicht zur Verfügung stehen, wirkt sich das auf die Laune aus, obwohl eigentlich kein richtiges Problem besteht", erklingt die Stimme ihrer Mutter.
„Aber wie bekommen wir denn jetzt Kaffee?", fragt der Vater.

Die Mutter lacht.
„So wie die Menschen in früheren Zeiten und in Ländern mit weniger Elektrogeräten", erklärt die Mutter und winkt die beiden hinter sich her in den Garten.
„Was machen wir hier?", fragt Mia.

„Wir sammeln etwas Feuerholz und erhitzen damit das Wasser für den Kaffee, damit auch wir Erwachsenen richtig wach werden", erklärt sie lächelnd.
Mia ist begeistert, ein richtiges Feuer.

Zusammen sammeln sie ein paar Äste und trockene Blätter, dann entzünden sie in der Feuerschale ein Feuer. Die Mutter stellt ein kleines Gitter auf die Glut. Auf dieses kommt der Wasserkessel und nach kurzer Zeit ist das Blubbern des Wassers zu hören. Mias Vater hat schon zwei Tassen bereitgestellt und wartet sehnsüchtig auf den Kaffee.

„Wenn wir noch Glut haben, könnten wir ja Kartoffeln darin garen und für heute Mittag einen Salat machen?", fragt die Mutter.

Mia nickt begeistert. Das haben sie schon mal in der Schule gemacht.

Zusammen gehen sie ins Haus und reinigen die Kartoffeln, dann wickeln sie sie in Alufolie ein und legen sie in die Glut. Nach einer halben Stunde sind die Kartoffeln fertig und sie nehmen sie mit hinein. Während Mia vorsichtig die Folie entfernt und die Kartoffeln pellt, bereitet ihre Mutter das Dressing vor.

„Dann hole ich schnell Würstchen aus dem Supermarkt", ruft der Vater und nimmt den Autoschlüssel.

„Papa", ruft Mia, „unser Auto fährt doch auch mit Strom", sagt sie.

„Ich nehme das Fahrrad", seufzt er und legt den Autoschlüssel zurück.

„Wir haben ja fast nur Sachen, die mit Strom funktionieren", sagt Mia erstaunt, während sie und Mama den Salat fertigmachen.

„Das stimmt, es hat sich ganz langsam eingeschlichen

und wurde immer mehr", gibt ihre Mutter zu.

„Ist das überall auf der Welt so?", fragt Mia.

„Nein, mein Schatz. Die Dominikanische Republik zum Beispiel hat nicht genug Strom für das gesamte Land", sagt ihre Mutter.

„Das ist ja schrecklich. Und was machen die Menschen dort dann?", fragt Mia.

„Sie greifen auf herkömmliche Mittel zurück", lacht ihre Mutter.

„So wie wir heute?"

„Genau, wie wir heute. Damit gönnen wir der Umwelt auch einmal eine kleine Pause von der elektronischen Belastung."

„Schadet Strom denn der Umwelt?", möchte Mia wissen.

„Nun ja, wenn man Strom spart, gelangt weniger Kohlendioxid in die Atmosphäre", erklärt Mama.

„Kohlen-was?", fragt Mia.

„Kohlendioxid ist ein Gas. Es wird auch CO2 genannt. Es entsteht zum Beispiel, wenn Strom produziert wird. Und wenn zu viel Kohlendioxid in die Luft gelangt, dann ist das schlecht für uns Menschen und alle anderen Lebewesen auf der Welt."

„Das klingt gar nicht gut", sagt Mia.

„Außerdem kommen immer neuere Geräte auf den Markt und statt die alten Geräte weiter zu nutzen, möchten viele Menschen das Neuste haben und entsorgen daher Produkte, die noch funktionieren. So entsteht mehr Abfall", ergänzt ihre Mutter.

„Aber dann könnte man die Geräte doch noch nutzen oder Menschen geben, die keine haben?", fragt Mia.

„Das ist den meisten zu umständlich und die Produkte landen im Müll", antwortet Mama und stellt den Salat in seiner Schüssel ins Spülbecken.

„Warum stellst du denn den Salat in die Spüle, Mama?", fragt Mia überrascht.

„Um ihn kalt zu halten. Ich mache kaltes Wasser drum herum und so kühlt sich die Schüssel herunter", erklärt ihre Mutter.

Mia nickt. Natürlich, der Kühlschrank funktioniert ja auch mit Strom.

Ihr Vater kommt zurück und lächelt.

„Was ist los?", möchten Mia und ihre Mutter wissen.

„Wusstet ihr, dass es einen neuen Fahrradweg gibt?",
fragt er erfreut.

Beide schütteln den Kopf.

„Die ersten Tulpen erblühen sogar und ich habe eine
kleine Entenfamilie gesehen", erklärt er und stellt die
Tasche mit den Einkäufen ab.

„Alles Sachen, die man nicht mehr sieht, weil man mit
dem Auto zu schnell unterwegs ist und sich auf den
Verkehr konzentrieren muss. Ich werde jetzt mindestens
zwei Mal in der Woche das Fahrrad auf dem Weg zur
Arbeit nehmen", verspricht er.

Am Abend entfachen sie erneut ein Lagerfeuer und
grillen die Würste darüber. Heute gibt es vegane Würste,
die auch ohne Kühlschrank nicht so schnell verderben.
Außerdem sind vegane Würstchen umweltfreundlicher
als die aus Fleisch, erklärt Mias Vater.

Mia sieht ihren Eltern zu, wie sie sich unterhalten und
lachen. Drinnen stehen schon Kerzen bereit für ein
schönes Abendessen und danach machen sie Mini-
Marshmallows über den Kerzen und spielen die alten
Brettspiele, die im Schrank verstauben.

„Das war einer der schönsten Tage", seufzt Mia glücklich und vollgegessen.

„Ich hatte auch schon lange nicht mehr so einen Spaß",
stimmt ihr Vater zu.

„Das kann ich nur bestätigen. Es scheint, als ob der
Tag ohne den ganzen Stress, den man sich mit Telefon
und Computer macht, viel länger gedauert hat und ent-
spannter war", wirft ihre Mutter ein.

„Wisst ihr was? Wir sollten das mindestens zwei Mal im
Monat machen", ruft Mia.

Ihre Eltern stimmen zu.

„Aber das nächste Mal nehmen
wir die Fahrräder und gehen
zelten. Das geht auch ganz ohne
Strom", ruft der Vater.

Mia freut sich schon auf den nächsten stromfreien Tag.

EMIR UND SEIN GANZ BESONDERER URLAUB

Emir ist ganz aufgeregt. Dieses Jahr reisen seine Eltern mit ihm in den Ferien ans Meer. Dafür hat er sich schon extra einen Schnorchel gekauft, um mit den riesigen Schildkröten zu tauchen. Sein Vater hat Bilder aus seiner Kindheit, auf denen er mit den gigantischen Tieren zu sehen ist. Seitdem hat Emir den Traum, auch einmal so eine große Schildkröte zu sehen. Vielleicht ist es sogar dieselbe Schildkröte, die bereits sein Vater gesehen hat, denn Schildkröten können bis zu 100 Jahre alt werden. Die älteste Galapagos-Riesenschildkröte aus Kairo soll sogar 270 Jahre alt geworden sein. Das ist älter als jeder Mensch. Der älteste Mensch der Welt wurde 122 Jahre alt.

„Emir, bist du so weit?", ruft seine Mutter.

Emir eilt los.

„Bin schon da", antwortet er und ist voller Tatendrang.

Seine Eltern lachen, während er die Treppe zum Hof heruntergerannt kommt.

„Wir haben eine Überraschung, behalte deinen Rucksack bei dir und komm zu uns", bittet sein Vater.

„Fahren wir nicht mit dem Auto zum Bahnhof?", fragt Emir.

„Nein, heute nicht. Wir haben eine besondere Überraschung für dich", erklärt seine Mutter und lautes Getrappel weckt Emirs Aufmerksamkeit.

„Boah, sind das wirklich Pferde vor einer Kutsche?", ruft er aufgeregt.

Seine Eltern nicken.

Sobald die Pferde zum Stehen kommen, bestaunt Emir die riesigen Tiere. Pferde sind seine Lieblingstiere und eine Fahrt mit der Kutsche wollte Emir schon immer mal machen.

Der Kutscher steigt ab und begrüßt sie lächelnd. Er streicht seinen Pferden liebevoll über den Kopf.

„Die sind ja riesengroß und so wunderschön", staunt Emir.

Der Kutscher lächelt.

„Das größte Pferd der Welt war über zwei Meter hoch. Es hieß Nobby und brachte anderthalb Tonnen Gewicht auf die Waage", erklärt der Kutscher.

„Das hier sind Domino und Maestro. Meine Frau, unsere Kinder und ich kümmern uns gut um unsere Pferde. Sie gehören quasi zu unserer Familie."

„Die sind riesig, fast als würden zwei Dinosaurier durch die Straße rennen", ruft Emir.

Der Kutscher fährt die Familie durch die Stadt bis zum Bahnhof, wo sie dann in den Zug einsteigen.

„Warum nehmen wir den Zug, Mama?", möchte Emir wissen.

„Mit dem Zug sind wir in ein paar Stunden am Meer. Außerdem ist der Zug klimafreundlicher als Autos oder Flugzeuge. Wusstest du, dass viele Züge mit Ökostrom fahren? Das schont die Umwelt."

„Wie sind die Leute früher denn in den Urlaub gefahren?", möchte Emir wissen.

„Viele Menschen reisten mit dem Pferd und einer Kutsche, so wie wir heute", antwortet sein Vater.

„Wann wurde denn das erste Auto erfunden, Papa?"

„Das erste Auto auf dieser Welt wurde von Herrn Carl Benz erfunden. Ich glaube, es war 1886 in Mannheim und es hatte nur drei Räder", erklärt sein Vater.

„Der Zug ist schon toll. Hier können wir sogar etwas zusammen spielen und uns die ganze Zeit unterhalten. Beim Autofahren musst du dich immer konzentrieren und Mama sitzt bei dir vorne, während ich hinten sitze", sagt Emir.

„Dann nutzen wir das jetzt auch aus. Wer hat Lust auf eine Runde Mensch ärgere dich nicht?", ruft seine Mutter und baut das Spielbrett auf.

Bereits am Mittag rennt Emir über den Strand zum Meer. Sein Blick gleitet über das Wasser, die kleinen Wellen tragen immer wieder etwas Schaum heran.

„Mama ist im Meer etwa Seife?", fragt er verwundert.

„Der Wind bläst Luft ins Wasser, das erzeugt die Wellen. In dem Wasser wird die Luft eingeschlossen und sobald sie durch die Bewegung wieder herauskommt, sieht es aus, als wenn das Wasser schäumt", erklärt seine Mutter und gibt ihm das Schnorchel-Set.

„Dann kann ich jetzt reinspringen?", ruft er aufgeregt.

„Nein, das solltest du nicht. Schau mal wie kühl das Wasser ist und wie warm dein Körper, das bekommt einem nicht immer gut und dir kann schlecht werden", warnt sein Vater.

„Aber wie komme ich dann ins Wasser?", fragt Emir traurig.

„Langsam, erst die Füße und dann die Beine", lacht seine Mutter, „komm, ich möchte auch hinein. Wir gehen zusammen."

„Oh Mama, das Wasser ist aber wirklich sehr kalt, obwohl es doch direkt in der Sonne ist", jammert Emir.

„Durch die Bewegung wird das Wasser immer umgewälzt und darum nicht so leicht aufgeheizt", erklärt seine Mutter.

Emir ist stolz, als er endlich ganz im Wasser ist. Er setzt direkt seine Taucherbrille auf, um unter Wasser etwas sehen zu können. Er taucht ab und sieht etwas Durchsichtiges mit langen Streifen, die es hinter sich herzieht. Überrascht taucht Emir auf.

„Mama, schau, hier ist eine Qualle", ruft er.

Seine Mutter kommt zu ihm.

„Du hast recht. Nicht anfassen, denn manche Quallen können dich verbrennen", erklärt seine Mutter.

„Wie kann denn ein Tier im Wasser Feuer machen?", fragt Emir.

„In diesen Tentakeln befindet sich ein Sekret zur Abwehr. Wenn ein Mensch sie berührt, gelangt es auf die Haut. Das kann dann schlimme Schmerzen hervorrufen, wie eine Verbrennung. So ähnlich wie bei Brennnesseln."

„Dann lassen wir sie besser schnell vorbei", lacht Emir und schwimmt weiter.

„Kommt mal her, ihr beiden", ruft sein Vater vom Land aus und winkt ihnen zu.

Sie schwimmen ans Ufer und steigen aus dem Wasser.

Emir ist erstaunt, wie warm der Sand ist.

„Was ist denn Papa?", fragt er.

„Dort drüben am Eisstand gibt es gleich einen Müll-Staffellauf. Ich dachte, wir machen mit und verdienen uns eine Kugel Eis", antwortet er und deutet zum Eisstand, an dem schon mehrere Menschen stehen und Mülltüten entgegennehmen.

„Was muss man denn machen?", fragt Emir und läuft mit seinen Eltern los.

„Jeder bekommt eine Tüte und kann damit dann Müll einsammeln. Wer eine volle Tüte abgibt, bekommt eine Kugel Eis", erklärt ihm sein Vater.

„Das ist ja eine coole Idee", ruft Emir und rennt vor, um sich schnell eine Tüte zu holen, „ich schaffe bestimmt auch zwei Tüten."

Seine Eltern lachen und nehmen ebenfalls eine Tüte entgegen.

„Papa, wo kommt denn der ganze Müll her?", fragt Emir und betrachtet eine Flasche Waschmittel, die an den Strand gespült wurde.

„Das ist eine gute Frage, Emir. Viele Länder verschiffen ihren Müll in andere Länder, um den Abfall dort günstiger beseitigen zu lassen. Oft landet der Müll dann im Wasser und wird ans Land gespült", erklärt sein Vater.

„Das ist aber ein weiter Weg für den Müll", ruft Emir und steckt die Flasche in seine Tüte.

Sein Vater nickt und hebt ebenfalls etwas Müll auf, dann gehen sie weiter.

Der Spaziergang am Strand ist nicht nur schön für die Familie, sondern auch für die Umwelt eine perfekte Unternehmung. Am Ende liegt nirgends mehr Müll herum. Alle sind glücklich und sitzen gemütlich mit ihrem Eis im warmen Sand. Emir freut sich schon auf den morgigen Müll-Staffellauf.

DER GRÜNE DAUMEN
DER KLASSE 3A

„Frau Mai, hier ist eine Ameise", kreischt Isabelle.
Frau Mai geht zu ihr und nimmt ein Blatt Papier.
Nachdem die Ameise darauf geklettert ist, trägt sie sie
hinaus und lässt sie auf der Wiese herunter.
„Warum haben Sie sich diese Mühe gemacht?", fragt
Ben, als Frau Mai wieder zurück ist.

„Ameisen sind wichtig", erklärt die Lehrerin.
„Nein, sie sind eklig und wenn sie einen anpinkeln,
brennt es", ruft Ida.
„Das ist ihre Abwehr. Sie sind winzig klein, aber wusstet
ihr, dass sie bis zum Vierzigfachen ihres eigenen Ge-
wichtes tragen können? Damit gehören Ameisen zu den
stärksten Tieren. Sie räumen auf und säubern ihr Um-
feld", erzählt Frau Mai.
„Was ist daran eklig?", fragt sie ihre Schüler.
Niemand sagt etwas.
„Gut, dann sind Ameisen eine Ausnahme", ruft Silas.

„Was gibt es denn sonst für wichtige Tiere?", fragt
Amelie.
„Zum Beispiel Bienen", antwortet Frau Mai.
„Aber wie sollen die denn nützlich sein?", möchte So-
phie wissen.
„Sie verteilen Pollen und bringen somit Pflanzen und
Bäume zum Blühen. Daneben machen bestimmte

Bienenarten auch Honig", ruft Kai.

Frau Mai nickt ihm zu.

„Aber es gibt immer weniger Blumen oder Wiesen. Bei uns in der Stadt werden viele Wiesen zu Parkplätzen", ruft Fabio.

„Das ist ein Problem für die fleißigen Bienchen", antwortet Frau Mai.

„Ich mag Honig aber", ruft Ida.

„Ich finde Blumen toll", stimmt Finn zu.

„Können wir da nicht was machen?", fragt Carola.

„Wir sind doch viel zu klein, was sollen wir da machen können?", fragt Ben zweifelnd.

„Jeder kann etwas tun und wenn es nur eine einzelne Blume ist oder der Bau eines Insektenhotels", antwortet Frau Mai.

Die Augen der Schüler strahlen.

„Ich habe ganz viel Holz zu Hause im Garten", ruft Jan.

„Und meine Mama hat ganz viele Blumensamen in ihrem Blumenladen", wirft Maja ein.

„Und was kann man damit alles machen?", fragt Frau Mai und ist gespannt auf die Ideen der schlauen Insektenhelfer.

„Vielleicht ein Zuhause und etwas zu Essen für die Insekten?", fragt Lisa.

Frau Mai nickt.

„Ich werde sehen, was der Direktor dazu sagt. Vielleicht können wir zusammen den Schulgarten in ein wundervolles Zuhause für die Insekten verwandeln", erklärt sie. Die Kinder sind sehr aufgeregt.

Zwei Tage später kommt Frau Mai freudestrahlend in das Klassenzimmer.
„Ich habe eine gute Nachricht. Der Direktor findet die Idee wunderbar und wir dürfen ein Pilotprojekt daraus machen. Wir können hierfür einen Teil des Schulgartens verwenden", erklärt sie.
„Frau Mai, wir wollten doch gar nicht fliegen?", fragt Lisa.
„Nein, das stimmt. Ein Pilotprojekt nennt man einen Versuch. Wenn uns der Versuch gelingt, können das auch andere Klassen oder sogar Schulen nachmachen", sagt Frau Mai.

Zusammen gehen sie in den Schulgarten und staunen nicht schlecht. Es gibt viel Platz, aber alles, was zu sehen ist, ist hohes Gras und ein alter Baum.
„Wie soll hier ein Zuhause für Insekten entstehen?", fragt Nele.
„An den Baum kann man ein Insektenhotel bauen, dann ist es vor Wind und Wetter geschützt", ruft Kilian.
„Warum heißt das denn überhaupt Insektenhotel?", fragt Carlos.

„Die Insektenhotels bekommen meist ein Dach und sehen dadurch aus wie kleine Häuser, die in der Natur stehen. Deswegen auch der Name Hotel", erklärt Frau Mai.

„Bevor wir hier etwas machen können, sollten wir das hohe Gras entfernen", ruft Kai.
„Aber darin leben doch auch Insekten und es bietet Schutz vor Fressfeinden", wirft Lena ein.
„Was sollen denn Insekten für Feinde haben?", möchte Leon wissen.
„Vögel zum Beispiel, die essen Insekten", sagt Linda.
„Etwas kürzen sollte man die Wiese wirklich, denn sonst birgt sie auch Gefahren für den Menschen, wie zum Beispiel viele Grasmilben, die Hautausschlag verursachen, oder Zecken, die sich dann festbeißen und schlimme Krankheiten übertragen können", meint Frau Mai.
„Kann man sich dagegen schützen?", fragt Lisa.
„Ja, wenn man zum Beispiel lange, helle Kleidung trägt", erklärt Frau Mai.
Zusammen mit ihrer Lehrerin gehen die Schüler in das Klassenzimmer zurück und entwerfen einen Plan.

Bereits eine Woche später hat der Hausmeister der Schule die Wiese etwas gekürzt und Frau Mai bringt mit einer Hälfte der Klasse schon mal Holz, Stroh, Steine und Nägel sowie einen Hammer in den Schulgarten. Die andere Hälfte der Klasse ist mit dem Direktor, der seine Hilfe angeboten hat, unterwegs, um Blumensamen und eine Spitzhacke sowie Schaufeln zu besorgen.

Frau Mai legt das Holz zurecht, woraus sie einen Rahmen bauen und das Dach für das Insektenhotel anbringen.

„Was meint ihr, wofür das Stroh und die Bambusrohre und der Stein sind?", fragt sie.

„Der Stein hat ganz viele Löcher", bemerkt Emir und beugt sich vor, um mehr zu sehen.

„Die Bambusrohre sind auch hohl", erklärt Nikola.

„Das ist richtig. Das ist, damit die Tiere hineinkönnen, um sich häuslich einzurichten", erklärt Frau Mai.

„Und woher wissen wir, welches Tier wo leben möchte?", fragt Elena.

„Das ist ganz einfach: Wir bieten den Tieren an, was wir haben, und beobachten sie", antwortet die Lehrerin.

„Warum sind die Röhren denn so klein?", möchte Maja wissen.

„Damit keine Fressfeinde hinein- kommen", antwortet Marlon.
Frau Mai bestätigt das mit einem kräftigen Nicken.

„Für was sind denn diese dünnen Seile hier?", fragt
Niklas.

„Damit wir keinen Kleber verwenden müssen. Der ent-
hält Schadstoffe und ist nicht gut für Insekten", sagt
Lisa und zeigt Niklas, wie man die Röhren zusammen-
bindet, denn das hat sie bereits von Frau Mai gelernt.

Der Direktor betrachtet die Pflanzen in der Gärtnerei.
„Was meint ihr, welche Samen und Pflanzen gut sind?",
fragt er die Schüler.

„Auf jeden Fall Löwenzahn. Der hat viel Blütenstaub
und wächst überall", ruft Dilara.

„Hier gibt es eine Packung, auf der eine Biene abge-
bildet ist", sagt Marie und deutet auf den Karton.

„Richtig, das sind Mischungen mit ganz vielen Pflanzen,
die für Insekten und vor allem Bienen geeignet sind",
antwortet der Direktor.

„Und hier ist eine für Schmetterlinge", freut sich David.

„Die Blumen auf den Packungen sehen ja alle aus wie
Unkraut", wirft Anna ein.

Der Direktor lächelt.

„Es gibt eigentlich kein Unkraut, Anna. Alle Pflanzen
und Blumen sind nützlich. Manche wachsen jedoch
dort, wo der Mensch sie nicht so gerne sieht, und darum
werden sie dann als Unkraut bezeichnet", erklärt er.

„Dann pflanzen wir ganz viele davon", ruft Lia.

Als die Schüler mit dem Direktor im Schulgarten an-
kommen, ist das Insektenhotel schon fertig. Begeistert
sehen sie dabei zu, wie die ersten Insekten das Hotel
entdecken und probeweise hineinfliegen.
In der Gärtnerei haben die Schüler die Symbole erklärt
bekommen. Es ist auf jeder Packung zu erkennen,
wann die Samen gepflanzt werden sollten und welchen
Standort sie mögen. Es gibt Blumen, die viel Sonne
mögen und wiederum andere, die Schatten bevorzugen.
Nun wird gepflanzt.

„Das habt ihr sehr gut gemacht", lobt der Direktor, als
alle Samen in der Erde sind.
„Nun gießen wir noch die Erde und dann heißt es abwarten", ruft Frau Mai.

Vier Wochen später erstrahlen die ersten Blüten und die Bienen sammeln fleißig den Blütenstaub.

„Schaut mal her, Kinder", ruft der Direktor und kommt in den Garten.

„Was ist das?", fragen die Schüler und deuten auf die Zeitung in der Hand des Direktors.

„Das ist ein Bericht über den Schulgarten. Ganz viele begeisterte Leser haben beschlossen, dem Beispiel zu folgen und mehr für die Umwelt und die Insekten zu tun", erklärt er.

Die Schüler sind superstolz auf ihren kleinen Schulgarten und haben viel Spaß dabei, ihn zu pflegen und die Insekten zu beobachten.

EMMAS EINZIGARTIGES T-SHIRT

„Mama", ruft Emma und steht weinend in ihrem Zimmer.

„Was ist denn?", fragt Mama besorgt und kommt zu ihr, um nachzusehen.

Sie nimmt Emma in den Arm und schaut mit ihr zusammen das kaputte Shirt an, das Emma in den Händen hält.

„Oh nein, das ist mein Lieblingsshirt von Oma", wimmert Emma.

„Lass mich mal sehen", meint Mama und sieht es sich genau an. Schließlich lächelt sie.

„Das können wir retten. Und nicht nur das, wir können es zu etwas ganz Besonderem machen", verspricht sie.

Emma trocknet ihre Tränen und betrachtet zweifelnd
das große Loch in ihrem Shirt.
„Ich habe es so gern getragen", sagt sie leise.
Mama nickt.
„Und jetzt machen wir etwas tolles Neues daraus,
komm mit."

Zusammen gehen sie in den Flur. Emma runzelt die Stirn.

„Was machen wir denn am Bastelschrank?", fragt sie.

„Hier, halt mal dein Shirt kurz fest", bittet Mama und holt Kleber, Glitzer, eine Schere und eine alte Socke heraus. Dann trägt sie alles zum Tisch.

Emma schaut sich die Sachen genau an. Normalerweise basteln sie damit immer Bilder. Ihre alte Socke ist einzeln, denn die andere hat Emma im Urlaub verloren.

„Meine alte Socke", lacht sie und nimmt sie in die Hand.

Die Socke hat lustige, bunte Motive. Mama hat sie aufgehoben, um damit noch etwas Tolles zu machen, aber wie soll das alles bei dem Loch in ihrem T-Shirt helfen?

„Was meinst du?", fragt Mama und betrachtet die Bastelsachen.

„Ich weiß nicht, wie das helfen soll", flüstert Emma.

„Das zeige ich dir jetzt. Unserer Fantasie sind keine Grenzen gesetzt. Manchmal scheitert die Umsetzung etwas, aber mit deinem Shirt schaffen wir es ganz sicher", erklärt Mama und setzt sich an den Tisch.

„Wie wäre es mit Glitzer und Schmetterlingen?", fragt sie Emma.

Emma setzt sich mit an den Tisch.

„Vielleicht mit meiner Socke? Die ist aus dem Urlaub, in dem Oma mir auch das Shirt gekauft hat", meint Emma.

Mama nickt und greift zur Schere.

„Mama, was machst du denn da?"

„Manchmal muss man mutig sein, um etwas zu erreichen, mein Schatz. Wenn deine Socke helfen soll, das Shirt zu retten, müssen wir sie vorher etwas bearbeiten", erklärt sie und schneidet die Naht der Socke auf.

„Sei so lieb und gib mir den Kleber", bittet Mama.

Emma sieht gespannt dabei zu, wie Mama mit der Socke das Loch im Shirt zumacht.

„Nun sieht man meine Socke in dem Loch", lacht sie.

„Genau. Und jetzt sorgen wir dafür, dass niemand mehr sieht, dass da ein Loch war", flüstert Mama geheimnisvoll.

„Du darfst jetzt Glitzer darauf kleben."

Emma nimmt etwas Kleber und ihren bunten Lieblingsglitzer. Dann verteilt sie den Kleber auf dem Rand von dem Loch in ihrem Shirt und streut den Glitzer drauf.

Mama geht noch mal zum Bastelschrank im Flur.

„Damit deine Verschönerung auch hält, müssen wir noch imprägnieren", erklärt sie.

„Was ist imprägnieren?", fragt Emma und streut noch etwas bunten Glitzer dazu.

„Das ist ein Imprägnier-Gel", erklärt Mama und stellt eine Spraydose auf den Tisch.

„Das sorgt dafür, dass kein Wasser und keine Feuchtigkeit an den Kleber und den Glitzer gelangen. Damit sich nichts ungewollt löst."

Emma macht große Augen.

„So wie ein Zauberumhang?", fragt sie begeistert.

Mama lacht und nickt.

„Genau, so in der Art."

„Können wir das jetzt draufmachen?", möchte Emma wissen.

„Nein, dafür muss alles getrocknet sein, sonst würde die Feuchtigkeit ja in dem Kleber bleiben, da sie nicht austreten könnte", erklärt Mama.

„Kann ich noch im Garten spielen gehen, bis es getrocknet ist?", bittet Emma.

Mama geht mit ihr zusammen in den Garten.

Nach zwei Stunden schauen sie nach dem Shirt und alles ist gut getrocknet. Zum Imprägnieren gehen sie wieder in den Garten. Dort legt Emma das Shirt auf einen Tisch und entfernt den Deckel der Dose.

„Jetzt einfach darauf schütten?", fragt sie aufgeregt.

Mama gibt ihr einen Pinsel und zeigt Emma, wie sie das Gel auftragen soll. Emma hat einen riesigen Spaß dabei.

„Kann ich es jetzt anziehen?"

„Nein leider nicht, jetzt muss das Gel trocknen, aber
dann hast du es geschafft und kannst es gleich morgen
in der Schule anziehen, wenn du möchtest", schlägt
Mama vor.
Emma ist begeistert.

Am nächsten Morgen steht Emma
schon sehr früh auf. Sie kann es kaum
erwarten, ihr neues Lieblingsshirt an-
zuprobieren. Schnell wäscht sie sich und
putzt ihre Zähne. Dann zieht sie es über ihren
Kopf und schlüpft mit den Armen hindurch. Ihre Augen
werden groß.
„Das sieht ja besser aus als vorher", ruft sie laut.
Mamas Lachen ist aus der Küche zu hören.
„Komm her und zeig dich mal", bittet sie.
Emma kämmt ihre Haare und eilt in die Küche.
„Wahnsinn, das sieht wirklich toll aus. So etwas gibt es
nicht zu kaufen", lobt Mama.
„Nein, es ist mit viel Liebe gemacht", grinst Emma.
Sie frühstücken zusammen und Emma zieht ihren Schul-
ranzen an.
„Bis später, Mama", ruft sie.
Mama winkt zum Abschied. Sie muss auch gleich zur
Arbeit.

Kaum hat Emma den Pausenhof betreten, kommen
Emilia, Ava und Noah auf sie zu. Sie sind ihre besten
Freunde.

„Hallo Emma, was für ein hübsches Shirt", sagt Emilia.

„Und so viel Glitzer", ruft Ava mit strahlenden Augen.
Sie liebt Glitzer sehr, genau wie Emma.

„Cooles Shirt. Ich bin nicht so ein Glitzerfan, aber mir
gefallen die Wassermelonen in der Mitte", grinst Noah
und zeigt mit dem Finger auf den Sockenstoff.

Emma lacht und freut sich riesig.

„Das ist mein altes Lieblingsshirt. Meine Mama und ich
haben es verschönert", erklärt sie.

Die drei sehen sich fragend an.

„Wie denn?", fragt Ava verwirrt.

„Wir haben das alte Shirt genommen, weil es kaputt
war. Das hier war früher eine Socke und das hier ist
Glitzer und Kleber. Den habe ich selbst aufgetragen."

„Aber es sieht so neu aus", ruft Noah erstaunt.

„Genau, aber es ist alt und so habe ich es mit Mama vor
dem Mülleimer gerettet."

„Ich habe auch ganz viele alte T-Shirts mit Löchern",
jammert Emilia.

„Und ich zwei Hosen", erklärt Ava.

Da kommt Emma eine Idee:

„Ich habe doch am Samstag Geburtstag. Lasst uns
eine Geburtstags-Bastel-Party machen. Bringt alle eure

kaputten Sachen mit und dann zaubern wir Neue daraus."

„Das ist die beste Idee aller Zeiten", rufen alle drei gleichzeitig.

Der Samstag ist schnell da und Emma ist aufgeregt. Bald sind Noah, Emilia und Ava hier und dann können sie loslegen.

„Danke, Mama! Das macht Spaß und ist etwas ganz Besonderes. Viel besser als ein neues Shirt", ruft Emma und umarmt ihre Mama.

„Ich habe noch eine Überraschung für dich", sagt Mama und zieht ganz viele Aufnäher hinter ihrem Rücken hervor.

„Was ist das? Ich kann doch noch nicht nähen."

„Das sind Aufnäher, die aufgebügelt werden. Hier ist ein kleines Bügeleisen, damit wird vorsichtig darüber gestrichen, bis der Kleber auf der Rückseite sich löst und mit dem Stoff verklebt. Aber beim Bügeln helfe ich euch", erklärt Mama.

„Danke, Mama, das ist ja der Wahnsinn. Wenn ich keine alten Socken mehr habe, nehme ich einen Aufnäher."

Es klingelt und Mama öffnet Emmas Freunden die Tür. Alle bringen Geschenke und ihre Taschen mit alter

Kleidung mit. Sogar ein Paar Turnschuhe sind dabei, die nicht mehr so schön aussehen.

„Wir werden die coolsten Klamotten haben!", ruft Noah freudig.

„Und Schuhe!", ruft Ava hinterher.

Die Freunde machen sich ans Werk und basteln, bis alles erneuert und einzigartig ist.

MAJAS ETWAS ANDERER OBST- UND GEMÜSEGARTEN

„Maja, bist du bereit?", ruft ihre Mutter.

Maja kommt in den Hausflur.

„Fahren wir zum Wochenmarkt?", fragt Maja und zieht ihren Fahrradhelm auf.

„Ja und danach noch kurz bei Oma vorbei", erklärt ihre Mama und zieht ebenfalls ihren Helm auf.

Sie gehen zusammen hinaus und setzen sich auf ihre Fahrräder, dann fahren sie los. Der Fahrradweg führt direkt durch den kleinen Park.

„Schau Mama, da sind die Enten", ruft Maja und steigt von ihrem Rad ab.

Auch ihre Mama steigt ab und geht mit ihr zum Wasser-
rand. Die Enten kommen schnatternd auf sie zu.

„Wenn wir Brot dabeihätten, könnten wir sie füttern",
meint Maja.

„Das wäre aber nicht gut", erklärt ihre Mutter.

„Das Brot ist nicht nahrhaft für die Enten, aber es
macht sie satt und sie hören auf, sich richtiges Futter zu
suchen. Davon werden sie krank."

„Dann machen wir das natürlich nicht", meint Maja
und hat trotzdem viel Spaß dabei, der Entenmama und
ihren Küken zuzusehen, wie sie ins Wasser zurückeilen.
Die beiden radeln weiter.

„Gibt es heute wieder die leckeren Erbsen?", fragt
Maja.

Ihre Mama schaut sich suchend um.

„Ich hoffe es", antwortet sie.

Sie suchen den ganzen Markt ab, doch Erbsen gibt es
heute keine.

„Schade, keine Erbsen, aber dafür Zucchini und Tomaten", sagt Maja und fährt ihrer Mama hinterher, als
sie weiterfahren.

„Vielleicht hat ja Oma noch ein paar Erbsen", ruft
Mama und streckt ihren Arm aus, damit alle anderen
Verkehrsteilnehmer wissen, dass sie in die Straße ein-
biegen möchte.

Sie stellen ihre Räder bei Oma an der Garage ab und klingeln. Die Oma öffnet die Tür und umarmt sie beide. Kaum zu glauben, dass Oma die Mama von Majas Mama ist.

„Hallo ihr beiden, wie schön euch zu sehen. Wart ihr auf dem Markt?", fragt Oma.

Maja nickt.

„Ja, aber sie hatten keine Erbsen mehr für uns", sagt sie.

„Da hast du aber Glück, wir können welche im Garten holen", sagt Oma und Majas Augen strahlen.

„Komm, wir gehen gleich hin, dann können wir danach ein Stück Kuchen essen", ruft Oma und geht voraus.

Omas Garten ist riesengroß und darin wachsen die tollsten Sachen: Erdbeeren, Kräuter, Erbsen und Kartoffeln. Sogar Gurken und Weintrauben hat Oma angepflanzt. Daneben gibt es auch etliche Obstbäume, die Oma sorgfältig pflegt.

„Wie schön dein Garten ist", meint Maja.

Oma lächelt und nickt.

„Bist du schon aufgeregt wegen deines Geburtstags morgen?", fragt sie.

„Und wie, aber ich glaube nicht, dass ich bekomme, was ich mir wünsche", seufzt Maja.

„So, was wünschst du dir denn, mein Engel?", fragt Oma und schneidet ein paar Erbsen ab, die Maja in eine Tasche packt.

„Einen Garten, Oma, für Gemüse und Obst", ruft Maja.

Oma lächelt.

Zusammen gehen sie ins Haus, wo Majas Mama schon den Kuchen serviert hat. Es gibt Stachelbeertorte.

„Oma, warum heißt es denn Stachelbeere, obwohl sie doch keine Stacheln hat?", fragt Maja.

„Die Stachelbeere stammt ursprünglich aus Nordafrika und Eurasien. Im 16. Jahrhundert wurde sie zum ersten Mal entdeckt und dann auch gleich mitgenommen und mit anderen Arten zusammen gezüchtet. Ihr Markenzeichen sind die langen Stacheln an den Ästen", erklärt Oma.

„Aber die Frucht hat keine, was ein Glück", sagt Maja und isst ihr Stück Kuchen.

Nach dem Kuchenessen fahren sie nach Hause und Maja hilft ihrer Mama, das Obst und Gemüse unter frischem Wasser zu reinigen. Abends erzählt sie ihrem Papa stolz, warum die Stachelbeere so heißt, ohne selbst Stacheln zu haben, und geht früh ins Bett, um an ihrem Geburtstag fit zu sein.

Am nächsten Tag wartet Maja gespannt auf Oma. Sobald sie da ist, darf Maja endlich in den Geburtstags-raum, das ist das Esszimmer, das Mama jedes Jahr zu Majas Geburtstag schmückt. Dort wartet nicht nur der Kuchen, sondern auch die Geschenke und auf die freut sich Maja besonders.

„Oh, so viele Geschenke", ruft sie und eilt los. Das erste Päckchen ist die erhoffte Puppe. Maja würde am liebsten sofort damit spielen, aber sie möchte auch gerne wissen, was in den anderen Päckchen ist.
„Was ist das?", fragt Maja überrascht, als sie das nächste Geschenk ausgepackt hat.
Oma geht zu ihr.
„Das, mein Schatz, ist dein eigener Garten für deine Fensterbank", erklärt sie.
Maja sieht sie erstaunt an.

„Ein Garten auf der Fensterbank?", fragt sie überrascht und schaut genauer hin.

Es ist ein länglicher Kasten, dazu ein Beutel Erde sowie viele Samen von Obst und Gemüsesorten, wie auf den Packungen zu sehen ist. Sogar Erbsen sind dabei und Holzstöcke.

„Oma, für was ist das Holz?", fragt Maja.

„Das ist für die Erbsen. Die zählen zu den Kletterpflanzen und ranken sich gerne an Holzstäben hoch", erklärt Oma.

„Und wie wächst aus so einem Samen dann das Obst und Gemüse?", möchte Maja genauer wissen.

„Das wirst du sehen, denn das hier ist dein nächstes Geschenk: deine eigene Anzuchtstation", verrät Oma.

„Aber das sind ja nur Gefrierbeutel und Klebeband", sagt Maja.

„Damit wirst du immer sehen können, wie sich die Samen entwickeln. Sobald sie gekeimt haben, kannst du den Sämling in deinen Fensterbankgarten umsetzen", antwortet ihre Mama.

„Können wir das gleich machen?", fragt Maja aufgeregt.

Oma nickt.

„Als Erstes nimmst du den Gefrierbeutel und füllst ihn zu einem Drittel mit Erde. Diese befeuchtest du mit Wasser. Dann kommt der Samen hinein und der Beutel wird verschlossen. Jetzt kannst du ihn an die Fensterscheibe kleben", weißt Oma sie an.

„Aber Oma, wie gieße ich denn nun meinen Samen?"

„Das brauchst du nicht. Schau, die Erde wird an der Scheibe von der Sonne erhitzt, dadurch steigt das Wasser nach oben und läuft an den Wänden des Gefrierbeutels wieder herab. Es bewässert sich nun selbst", erklärt Oma.

Maja staunt und ist so begeistert, dass sie es gleich mit verschiedenen Samen versucht.

Bereits nach wenigen Wochen sieht Maja die ersten Unterschiede. Es gibt Gemüse wie die Erbsen, die ranken gerne und wachsen sehr schnell mit einem dicken Stängel. Und es gibt Gemüse wie den Kürbis, der sehr langsam wächst, dafür aber mit großen Blättern.

„Ich freue mich schon, die ersten Erdbeeren zu essen", ruft Maja und besprüht mit einem Wasserspender vorsichtig die Erde im Blumenkasten, um diese feucht zu halten, denn anders als die Erde im Gefrierbeutel, kann sich diese nicht selbstständig bewässern.

Es ist vielleicht kein Garten zum Spielen wie bei Oma, aber Maja kann ihr eigenes Obst und Gemüse anpflanzen und es schmeckt viel besser, wenn es selbst gemacht ist.

Zum nächsten Geburtstag wird Maja sich weitere Gärten für die Fensterbank wünschen, denn davon gibt es im Haus zum Glück genug. Und nach ein paar Monaten kann Maja schon die ersten Erbsen von ihrer eigenen Fensterbank ernten. – Hmm … lecker!

LILLI UND LEO GEHEN EINKAUFEN UND ESSEN NACH JAHRESZEITEN

Lilli und Leo sind Zwillinge. Sie haben sich also schon im Bauch ihrer Mutter gekannt und sind zusammen auf die Welt gekommen. Sie sind die besten Freunde und am liebsten gehen sie mit ihrer Mutter einkaufen. Heute ist es wieder so weit, gleich nach dem Mittagessen fahren sie los. Die Aufregung ist groß, denn heute geht es in den neuen Supermarkt, der frisch eröffnet hat.

„Mama, wann fahren wir?", fragt Lilli.

Mama lacht.

„Wenn ihr mir helft, das Geschirr in die Küche zu bringen und abzuwaschen, sind wir schneller fertig und können auch eher los", erklärt sie.

Leo und Lilli nehmen sofort ihre Teller und tragen sie zur Spüle. Zusammen geht es nicht nur schneller, es macht auch viel mehr Spaß.

Gut gelaunt steigen sie schließlich auf ihre Fahrräder und fahren mit Mama über den Radweg zum Geschäft. Mama hat einen großen Korb auf ihrem Gepäckträger am Fahrrad. Lilli und Leo haben auch zwei kleine Körbe, so können sie helfen.

„So, ihr beiden, ich habe eine kleine Einkaufsliste für jeden von euch", sagt Mama und gibt jedem einen Zettel.

Das ist ihr liebstes Spiel.

„Einkaufsbingo!", rufen beide und nehmen ihre Zettel entgegen.

Lilli schaut darauf und freut sich. Sie hat Äpfel, Gurken und Kartoffeln. Leo schaut auch auf seinen Zettel. Er hat Milch, Eier und Brot.

„Das wird ja ganz leicht", meint Lilli und begibt sich sofort auf die Suche nach den schönsten Äpfeln.
Ihre Augen werden groß. Hier ist die Auswahl größer, als auf dem kleinen Wochenmarkt um die Ecke, wo sie sonst einkaufen.

„Mama, das sind so viele", ruft sie erstaunt.
Mama kommt zu ihr.
„Schau Lilli, das sind so viele, weil es hier Obst aus aller Welt gibt", erklärt sie.
„Mama, hier gibt es sogar Ananas!", ruft Leo.
Mama geht mit Lilli zu ihm rüber.
„Ja, mein Schatz."
„Aber die wachsen doch gar nicht in Deutschland?", fragt er erstaunt.
„Richtig, das ist Importware, so nennt man Lebensmittel, die eingeführt werden und über einen langen Weg hierher gelangen."

„Aus welchem Land kommt denn diese Ananas?", fragt Lilli und hält sie hoch.
Mama nimmt den kleinen Zettel daran.

„Schau, hier kannst du immer lesen, wo das Obst her-
kommt."

Mama liest und deutet auf die Buchstaben.

„Das hier besagt, dass diese Ananas aus Costa Rica
kommt."

„Das ist aber weit weg. Es kostet doch bestimmt viel
Geld, eine Ananas so weit zu verschicken?", fragt Leo.

„Ja, da hast du nicht unrecht. Die Ananas hat einen
weiten Weg hinter sich. Die Versandkosten sind im Preis
inbegriffen, die zahlt der Käufer gleich mit", erklärt sie
ihnen.

„Aber bei unserem Wochenmarkt haben wir keine Versandkosten", ruft Lilli.

„Nein, mein Engel, dort können wir regional einkaufen.
Das hat den Vorteil, dass die Umwelt nicht so belastet
wird."

„Aber manchmal gibt es auf dem Wochenmarkt keine
Äpfel", beschwert sich Leo.

„Ja, wenn keine Saison ist", stimmt Mama zu.

„Was ist denn eine Saison?", möchte Lilli wissen.

„So nennt man die Zeitabschnitte, in denen etwas Be-
stimmtes wächst."

„So wie Äpfel, die gibt es nur vom Sommer bis Herbst",
ruft Leo.

„Und Nüsse nur im Herbst und Winter", ruft Lilli.
Mama nickt. „Genauso ist es."

Lilli geht zu den Gurken und schaut verwundert auf die
Auswahl. Dort gibt es Tomaten die offen in einer Papp-
schale liegen, und welche mit Plastikfolie darum.
„Mama, warum sind die Tomaten eingepackt?"
„Die meisten kommen aus einem Nachbarland", erklärt
Mama.
„Die Verpackung brauchen sie für den
weiten Transport."
„Also sind sie auch importiert, ob-
wohl wir doch selbst Tomaten anbauen
können?"
„Manchmal sind die Importpreise günstiger und somit
kann der Verkäufer mehr Geld verdienen oder die Ware
billiger anbieten", antwortet Mama.
„Aber für die Umwelt ist das eine Belastung?", fragt Leo.
Mama nickt und sie schauen sich gemeinsam die Eier an.

„Hier sind verschiedene Buchstaben auf den Eiern", sagt
Leo.
„Auch Eier werden aus anderen Ländern hierher ge-
bracht", erklärt Mama.
„Was stimmt denn mit unseren Hühnern nicht?",
möchte Leo wissen.

„Mit unseren Hühnern ist alles in Ordnung", lacht Mama. „Es geht auch hierbei darum, einen günstigen Einkaufspreis zu erzielen und mehr Gewinn herauszuholen oder billiger als die Konkurrenz sein zu können."
Lilli überlegt und runzelt ihre kleine Stirn.
„Aber ist es nicht mehr Gewinn, wenn jedes Land seine Lebensmittel behält und man damit der Umwelt ein Geschenk macht? Der Transport verursacht doch ganz viel Schadstoffe?", fragt sie.
Mama nickt.

„Ja und nein, es gibt wichtige Lieferungen, damit andere Länder zum Beispiel genug Mehl haben, weil dort das Getreide nicht so gut wächst. Dafür haben wir gerne Bananen, die es hier ohne den Transport nicht geben würde", sagt Mama.
Die Zwillinge nicken, denn Bananen essen sie gerne, hauptsächlich im Kuchen.
„Dann essen wir mehr Fleisch und Fisch", ruft Leo.
Mama lacht.
„Auch Fleisch und Fisch werden oft importiert."
„Aber der Fisch am Hafenstand nicht, oder?", fragt Lilli.
„Nein, der nicht."
„Dann kaufen wir nur noch dort."

Alle drei sind sich einig und gehen weiter. Die Bananen dürfen natürlich mit.

„Wie haben die Menschen denn früher gegessen?", fragt Lilli.

„So wie wir", sagt Mama.

„Aber da gab es doch noch kein Essen aus dem Flugzeug oder Lkw", wirft Lilli ein.

„Das stimmt, sie haben das gegessen, was es in der Region so gab und sich gut aufbewahren ließ. Die Natur bietet das gesamte Jahr über eine große Bandbreite an Nahrungsmitteln. Vieles ist auf die Jahreszeiten abgestimmt. So gibt es zum Beispiel im Herbst Nüsse und Äpfel, die dem Körper gleichzeitig helfen, sich vor einer Erkältung zu schützen."

„Und im Winter?", fragt Leo.

„Im Winter gibt es viele Gemüsesorten und vor allem Kohlarten, die sehr viele Vitamine liefern, um gesund durch die kalte Zeit zu kommen."

„Im Sommer gibt es dann viel Salat", kichert Lilli.

„Genau der liegt nicht so schwer im Magen und man kann viel besser spielen", ergänzt Leo.

„Also haben die Menschen immer gegessen, was gerade da war, so wie wir, wenn wir auf dem Wochenmarkt einkaufen."

„Ihr beiden seid ja richtig schlaue Köpfe. Wollen wir beim Brot schauen, ob wir etwas Leckeres finden?"

Zusammen gehen sie zum Brotregal. Lilli schaut sich um.
„Das Brot ist ja in Folie eingepackt, wie die Tomaten", beschwert sie sich.
„Kommt das auch alles aus dem Ausland?"
„Nein, nicht alles. Aber das Brot hält sich in der Tüte länger. Hier gibt es auch geschnittenes Brot für Menschen, die keine Brotmesser oder Brotmaschinen haben, das trocknet dann nicht so schnell aus."
„Und Brot ohne Kruste", ruft Leo.
„Aber unser Brot kommt doch immer mit Kruste aus dem Ofen?"
„Weil wir meistens Brot beim Bäcker holen", stimmt Mama zu.
„Hmm, das Brot schmeckt mir besonders gut und Frau Meier gibt uns immer noch ein Rosinenbrötchen dazu", ruft Lilli.
„Mit importierten Rosinen", lacht Mama.
„Okay, dass man Lebensmittel verschickt ist nicht immer so schlecht. Aber ich möchte, wenn es geht, viele Lebensmittel von hier kaufen, die bei uns gewachsen sind", meint Lilli und Leo nickt.

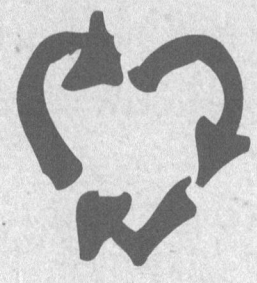

DENKE IMMER DARAN...

Ich hoffe, die Geschichten in diesem Buch haben dir Spaß gemacht und dir gezeigt, was kleine und große Hände alles Wunderbares für die Natur und Umwelt machen können.

Glaube immer an dich und deine Träume und halte an deinen Ideen und ihrer Umsetzung fest. Jeder von uns ist ein kleiner Forscher und Entdecker und mit der richtigen Idee und kleinen Handgriffen wirst auch du zu einem Umwelthelden oder einer Umwelteldin.

Mach die Welt zu einem Ort, an dem es sich zu leben lohnt, und erfreue dich an der Schönheit der Natur. Sei mutig wie ein Löwenzahn und überwinde alle Hindernisse.

Wenn aus einem winzigen Samenkorn der größte Baum der Welt entstehen kann, kannst du als einzelner Mensch ebenso Wundervolles vollbringen.

Sei stark und anmutig, wie die erste Blüte im Sonnenlicht, und genieße die Wärme und Liebe um dich herum, denn du bist einzigartig, so wie du bist. – Wie ein Löwenzahn!

Mein ganz besonderer Tipp: Verschenke dieses Buch an deine Freunde und Familie. Das kann sie inspirieren und vielleicht könnt ihr die ein oder andere Idee auch gemeinsam umsetzen.